Montessori Pädagogik anwenden

Das Praxisbuch für Eltern

Wie Sie Ihr Kind liebevoll und einfühlsam zu Selbstständigkeit und Achtsamkeit erziehen

Marna Reschowsyk

INHALT

Das erwartet Sie in diesem Buch

Wer kennt es nicht? Die Gespräche mit anderen Eltern darüber, wie die richtige Erziehung auszusehen hat und was es zu beachten gilt: „Wie erziehst du denn euer Kind eigentlich? Hast du dir darüber mal Gedanken gemacht?" Und schon stecken Sie inmitten einer Diskussion, die ein Dilemma auslöst, in dem Sie sich zwischen autokratischem, autoritärem, antiautoritärem, autoritativem, demokratischen, laissez-faire, egalitärem und permissivem Erziehungsstil entscheiden müssen. Dicht gefolgt von einer Rechtfertigung darüber, warum Sie Ihre Entscheidung in der einen oder anderen Weise gefällt haben.

Beginnt man erst einmal, sich mit möglichen Erziehungstheorien auseinanderzusetzen, verliert man leicht den Überblick. Haben Sie sich doch auf einen bestimmten Stil festgelegt und sich auf eines der vielen möglichen, pädagogischen Bildungskonzepte festgelegt, beginnt die Suche nach einem geeigneten Ratgeber erneut. Ratgeber, die sich mit der theoretischen Darstellung der Erziehungskonzepte auseinandersetzen, gibt es viele. Aber irgendwie scheint das benötigte Wissen nicht in alltagstauglicher Form vorhanden zu sein. In diesem Ratgeber wurde daher versucht, theoretisches Wissen mit alltagstauglichen Tipps und Hinweisen zu versehen, die Ihnen bei der Ausgestaltung Ihrer Erziehung nützlich sein sollen und Ihnen Anleitung geben, wie auch Sie das beschriebene Montessori-Konzept leicht in Ihren Alltag integrieren können.

Bei all dem dürfen Sie jedoch eines nicht außer Acht lassen: Jeder Montessori-Weg ist ein wenig anders und wird verglichen mit anderen Anhängern der Montessori-Theorie abweichen. Das liegt allerdings einfach daran, dass das Konzept Spielraum zur Gestaltung und Fokussierung lässt. Sehen Sie daher diesen Ratgeber mehr als eine Inspiration Ihrer pädagogischen Grundhaltung unter Montessori. Gehen Sie Ihren individuellen Weg und lassen Sie sich von diesem Ratgeber in der Umsetzung und Integration der Montessori-Pädagogik in Ihren Familienalltag bestärken. Viel Spaß dabei!

Maria Montessori und ihre pädagogische Bildungstheorie

MONTESSORI-PÄDAGOGIK: WAS DARUNTER VERSTANDEN WIRD

Von der Montessori-Pädagogik haben Sie sicherlich schon häufiger gehört. Was genau aber darunter verstanden wird, wird selten auf den Punkt gebracht. Die Montessori-Pädagogik versteht sich als ein pädagogisches Bildungskonzept, das sich vom Kleinkindalter bis zum jungen Erwachsenenalter erstreckt und von der Individualität des Kindes und seiner selbstbestimmten Lernfähigkeit ausgeht. Ebendiese Individualität steht bei der Anwendung der Montessori-Methoden im Mittelpunkt. Das pädagogische Bildungskonzept geht davon aus, dass Kinder neugierig, mit einem Willen zur Gestaltung und einer Freude am Tun geboren werden.

Unter der Betrachtung des Eigenwertes des jeweiligen Kindes sollen Kinder dabei frei lernen, ohne Wertung. Im Rahmen dieses Verständnisses geht es in der Kindheit darum, dass das Erlernen von Gehorsam, zum Beispiel im Kontext schulischer Systeme, das Befolgen von Standards und darüber hinaus die direkte Konkurrenz mit anderen, die angeborene Neugier, den Gestaltungswillen sowie die Freude am Tun blockieren. Sowohl Belohnungen als auch Bestrafungen existieren in diesem Konzept daher nicht, da sie als für das Kind schädlich betrachtet werden. Auf der Basis dieses Grundgedankens hat die italienische Ärztin Maria Montessori Anfang der 20er-Jahre eine Pädagogik entwickelt, die durch ihre Lernprozesse die angeborenen Eigenschaften des Kindes bewahren soll.

Innerhalb eines vorgegebenen Rahmens sieht die Montessori-Pädagogik daher unter dem Gesichtspunkt, dass Kinder wollen, was sie tun, vor, dass sie selbst darüber bestimmen, was sie wann mit wem und wie lernen wollen. Jede Entwickelung erfolgt intuitiv und aus der inneren Motivation des Kindes heraus (intrinsische Motivation). Unter der Anregung des Lernprozesses durch vielfältige Inspiration von außen sollen Kinder dabei ihr eigenes Selbst gestalten. Dabei sollen sie lediglich ermutigt werden, in ihrem eigenen Tempo und Rhythmus zu lernen, und ihre Freude an diesen Prozessen bewahren.

Lernen wird als Vorgang betrachtet, der den gesamten Alltag, auch außerhalb dafür vorgesehener Lernräume wie Kindergarten oder Schule, verstanden wird. Im gesamten Lernprozess wird das Kind dabei als Individuum gesehen. Dabei geht es nicht um die Frage dessen, was das Kind gerade will, sondern darum, psychologisch beobachtbare Bedürfnisse des Kindes zu bedienen. Die Beobachtung der Bedürfnisse obliegt dabei dem jeweiligen Erzieher (nicht nur institutionell zu verstehen, sondern auch im familiären Kontext „Eltern").

Hierbei begleitet vor allem eine Fragestellung den Prozess der Beobachtung des Erziehers:

• Was braucht das Kind gerade in seinem Entwicklungstempo und seinem individuellen Entwicklungsstand?

Das Lernen soll dabei mit allen Sinnen erfahren werden. Die Lernumgebung wird auf die physischen und psychischen Bedürfnisse des Kindes abgestimmt. Die Orientierung im Rahmen dieses Bildungs- und Erziehungskonzepts erfolgt ausschließlich anhand der Bedürfnisse des Kindes (keine Orientierung an vorher festgelegten Lehr- und/oder Bildungsplänen). Unter dem Ansatz einer Pädagogik, die sich am Kind orientiert und dabei die individuellen Entwicklungsstufen und Bedürfnislagen des Kindes ernst nimmt, erhält der Lernaspekt in diesem Zusammenhang ein stärkeres Gewicht. Das mündige Kind, das nicht nur selbstständig, sondern auch selbsttätig die Welt erkundet und dabei seine eigene Kreativität entdeckt, tritt der Welt und den Erfahrungen, die es darin machen kann, offen gegenüber und bewältigt die an es selbst gestellten Anforderung durch von außen unterstützte Selbstlernprozesse. Alle

Fähigkeiten, die das Kind hierzu benötigt, sind bereits mit seiner Geburt vorhanden. Erziehung erfolgt in diesem Kontext ausschließlich durch die Selbsttätigkeit und Selbstständigkeit des Kindes.

Sie fragen sich, worum es im Alltag für Sie und Ihr Kind in Bezug auf Erziehung nun gehen soll? Zusammengefasst sollten Sie bei der Interaktion mit Ihrem Kind Folgendes immer im Hinterkopf behalten:

• Fördern Sie das eigenständige Handeln und Lernen: Ob es um das Schuhe-Anziehen geht, Krümel vom Boden aufzukehren oder andere Alltagssituationen. Auch wenn es länger dauert, bringen Sie die Geduld auf und lassen Sie zu, dass Ihr Kind sich ausprobiert und dabei lernt, Dinge eigenständig zu tun.

• Wichtig: Stellen Sie sicher, dass Ihr Kind bei seinen Erprobungsversuchen auch Erfolgserlebnisse hat, damit die Motivation beim Lernen langfristig erhalten bleibt.

KENNEN SIE SCHON FRAU MON-TESSORI? – ÜBER DIE BEGRÜN-DERIN DER PÄDAGOGIK

Maria Montessori wurde am 31.08.1870 in Italien als Einzelkind einer wohlhabenden Familie geboren. Ihre Kindheit war behütet. Ihre Eltern waren anerkannte Mitglieder der italienischen Politikelite. Maria entschied sich in ihrer Jugend, gegen den Willen ihrer Eltern, Medizin zu studieren. 1892 war Maria Montessori damit die erste Frau in Italien, die ein Medizinstudium begann. Dies krönte sie mit der Erlangung ihres Doktortitels im Jahr 1896. Im Anschluss an ihr Medizinstudium arbeitete sie in einer kinderpsychiatrischen Einrichtung, wo sie auch ihre ersten Lernmaterialien für ihre pädagogische Bildungstheorie entwarf.

In den Folgejahren entwickelte sie durch die Arbeit mit Kindern, die Förderbedarf aufwiesen, nach und nach die Grundprinzipien ihrer heute weltweit anerkannten Pädagogik. In der Arbeit mit Kindern mit psychiatrischer Auffälligkeit war sie durch die Einbindung ihrer entwickelten, erzieherischen Aufgaben in ihre medizinische Behandlung sehr erfolgreich. Ihr Interesse an der allgemeinen Pädagogik wuchs durch ihre Beobachtungen. Es folgte die Aufnahme eines Pädagogikstudiums. 1907 vertraute man ihr daher die Leitung eines Kinderhauses in der Nähe von Rom an. Auch hier fanden ihre Lernmaterialien Verwendung. Schnell stellten sich bei den betreuten Kindern Lernfortschritte ein, die für Aufsehen sorgten, da man sie von den dort untergebrachten Kindern nicht mehr erwartet hatte.

1909 veröffentlichte Maria Montessori daher ihr Hauptwerk, in dem sie die Grundsätze ihrer Pädagogik schriftlich darlegte. Neben Erläuterungen fanden sich in diesem Werk auch die von ihr entwickelten Lernmaterialien. Schon damals hat sie den besonderen Blickpunkt des Erziehers, der sich als Beobachter zu verstehen habe, hervorgehoben. Seine Zuständigkeit bestand darin, störende Einflüsse auf die Entwicklung der Kinder zu verhindern und sie von diesen fernzuhalten, damit sie gemäß ihrem jeweiligen Entwicklungsstand wachsen konnten.

Ab 1913 begann Montessori, durch die Welt zu reisen und Vorträge über ihre Pädagogik zu halten. Noch im selben Jahr konnte ein Lehrgang zur Ausbildung von Lehrkräften belegt werden, der sich an ihren Grundsätzen orientierte und ihre Methoden lehrte. Erste Schulen, die nach ihrer pädagogischen Ausrichtung agierten, entstanden und erhielten ihr zu Ehren den Namen Montessori–Schule. Nach Ende des Zweiten Weltkriegs kehrte Maria Montessori nach Europa zurück. In den anschließenden Jahren folgten weitere Veröffentlichungen und Kurse, die sich thematisch mit ihrer pädagogischen Denkweise und den Theorien und Lernmethoden auseinandersetzten.

Im Jahr 1924 erhielt ihre Bildungstheorie so viel Ansehen, dass sie zur pädagogischen Erziehungsmethode Italiens erwuchs. Im Rahmen des Zweiten Weltkriegs wurden ihre pädagogischen Bewegungen in Deutschland durch den Nationalsozialismus zerstört. Da eine Weiterentwicklung in dieser Zeit unmöglich war, flüchtete sie nach Indien und kehrte erst im Jahr 1946, nach Ende des Zweiten Weltkriegs, nach Europa zurück. Im Jahr 1952 stirbt Maria Montessori in den Niederlanden, wo sie bis zu ihrem Tod lebte. Ihre Theorien leben bis heute weiter und besitzen noch immer an Aktualität.

Das Konzept der Montessori- Pädagogik

PRINZIPIEN DER MONTESSORI-PÄDAGOGIK

Als Grundlage der Pädagogik Montessoris gilt allgemein die Achtung und Wertschätzung der kindlichen Persönlichkeit. Das Kind wird als eigenständiges, unabhängiges Wesen verstanden, das sich aus eigener Kraft gemäß seiner inneren Anlagen entwickelt. Das Ziel des Lernprozesses des Kindes ist dabei die Loslösung und Unabhängigkeit vom elterlichen

Kontext beziehungsweise der Erwachsenenwelt im Allgemeinen. Die Prinzipien ihrer Pädagogik begründet Montessori auf mehreren Eckpfeilern:

• Das Kind wird als Baumeister seiner eigenen Person verstanden.

Montessori geht von der Annahme aus, dass jedes Kind einzigartig ist und von Geburt an alles in sich trägt, was es zur Entwicklung und Entfaltung seiner individuellen Persönlichkeit benötigt. Sie bezeichnet die vorhandenen Anlagen als „vorbestimmten Bauplan" und überträgt den Erziehenden in diesem Kontext die Aufgabe, das Kind im Verlauf seiner Entwicklung zu begleiten und die äußere Umgebung für den Lern- und Entwicklungsprozess zu gestalten.

• Das Lernen des Kindes erfolgt in der dafür durch den Erzieher vorbereiteten Umgebung.

Zur freien Entscheidung benötigt das Kind eine vorbereitete Umgebung, die ihm gemäß seines Alters- und Entwicklungsstandes angemessen vorbereitete Lernerlebnisse zur Verfügung stellt. Ein Überangebot an Lernmaterialien soll in diesem Kontext verhindert werden. Die Konzentration soll sich ausschließlich auf eine Aufgabe richten.

In der Lernumgebung soll alles seinen festen Platz haben, damit das Kind seine gewählten Materialien wiederfindet.

• Wahlfreiheit & „Freie Arbeit": Das Kind soll nach dem eigenen Interessenschwerpunkt lernen.

Im Rahmen der Montessori-Pädagogik wird kein einheitlicher Lehr- und Bildungsplan für alle Kinder verfolgt. Es gibt lediglich einen Rahmen, innerhalb dessen Lernerfahrungen gemacht werden können. Jedes Kind soll sich dabei an seinen eigenen Interessen orientieren und nach diesen seinen Lernprozess selbstständig gestalten und bestreiten. Der Erzieher drängt das Kind zu keiner Aufgabe, sondern befördert durch seine Anwesenheit und Unterstützung sowie die angebotene Hilfestellung den Lernprozess des Kindes. Nur durch die freie Wahl, so Montessori, kann ein Interesse an einer bestimmten Tätigkeit oder Thematik vollständig geweckt werden. Diese Annahmen basieren bei Montessori auf dem Vertrauen darauf, dass das Kind von sich aus etwas lernen möchte. Es entscheidet daher selbst im Rahmen eines vorgegebenen Raumes aus Möglichkeiten.

• Das Kind lernt aus eigenem Antrieb.

- Lernen erfolgt im eigenen Rhythmus und Tempo.
- Es erfolgt kein Vergleich mit anderen Kindern.
- Schwierigkeiten sollen eigenständig überwunden werden.

Kinder sollen in die Lage versetzt werden, Aufgaben entsprechend ihrem Entwicklungsstand, Wissen und Können, eigenständig zu meistern. Auf diese Weise lernen sie, selbstbestimmte Lösungswege zu suchen und diese auf die eigenen Probleme anzuwenden und sich auszuprobieren. Dies erfordert die Zurückhaltung des Erziehers aus dem Lernprozess, solange keine Unterstützung benötigt wird. Auf diese Weise lernen Kinder, auf ihre eigenen Fähigkeiten und ihr Können zu vertrauen. Das, was sich ein Kind selbst erarbeitet hat, bleibt in seiner Erinnerung besser haften.

Beruhend auf diesen Grundannahmen geht Montessori davon aus, dass sich der Entwicklungsprozess jedes Kindes in drei Entwicklungsstadien vollzieht. (Nachfolgende Kapitel werden hierzu nochmals genauer Bezug nehmen.) Darüber hinaus wird der Entwicklungsprozess jedes

Kindes von sogenannten „sensiblen Phasen" beeinflusst. Auch hierzu werden im weiteren Verlauf vertiefende Erläuterungen folgen.

WIE DIE KINDLICHE ENTWICKLUNG BEI MARIA MONTESSORI FUNKTIONIERT

Montessori geht davon aus, dass das Kind mit der Geburt über einen vorbestimmten „Bauplan" verfügt, dem es aus eigener Motivation heraus folgt, wenn es von außen richtig geleitet wird und durch den Erzieher die Bedingungen in seiner Umwelt geschaffen werden, die eine selbstbestimmte Entwicklung fördern und das Kind befähigen, zum Baumeister seines Selbst zu werden. In diesem Kontext versteht Montessori das Kind als Gestalter seines eigenen Lebens und nimmt an, dass es in der Lage ist, selbstständig zu entscheiden, wann es bereit ist, bestimmte Fähigkeiten zu erwerben. Das Lernfenster wird dabei vom Kind selbst bestimmt.

Montessori betrachtet das Kind von Anfang an als eigenständige Person, die intuitiv in der Lage ist, sich zu entwickeln. Dabei wird es nicht von Erwachsenen geformt, so wie dies die meisten anderen pädagogischen Bildungstheorie lehren, sondern sämtliche Entwicklungsarbeit wird vom Kind selbst geleistet. Unter Montessoris Grundsatz „Hilf mir, es selbst zu tun!" besteht die Aufgabe der Erziehenden lediglich in der Unterstützung der positiven Entwicklung des Kindes. Dies erfordert natürlich auch ein spezielles Bewusstsein bei den Erziehenden und definiert die damit einhergehenden Erziehungsaufgaben neu.

Neben der Unterstützung und Begleitung der kleinen Weltentdecker besteht die Hauptaufgabe nach dieser Theorie darin, aufmerksam das Geschehen zu beobachten und nur dann einzugreifen, wenn es die jeweilige Situation erfordert und das Kind tatsächlich Unterstützung benötigt. Die Lernumgebung wird von den Erziehenden für das Kind gezielt vorbereitet, sodass es sich in ihr erproben kann. Die Umgebung ist dabei so aufgebaut, dass sie den Spaß der Kinder am Entdecken fördert und die freie Bewegung zwischen den zur Verfügung gestellten Materialien erlaubt. Mit dem Begriff der vorbereiteten Umgebung bezeichnet Montessori im Rahmen ihrer Pädagogik alles, womit das Kind im täglichen Kontext

Berührungspunkte hat (Räume, Materialien …). Die Lernübungen in der vorbereiteten Umgebung unterliegen der ständigen Erneuerung und Anpassung vor dem Hintergrund des Fortschreitens der individuellen, kindlichen Entwicklung.

Für eine Veranschaulichung dieser Beschreibung finden Sie unten stehende Beispiele, wie Sie die Pädagogik Montessoris konkret in Ihren Alltag einbinden können:

• Bringen Sie beispielsweise eine Garderobenleiste auf Kinderhöhe an. Platzieren Sie daneben einen kleinen Sessel, auf dem sich Ihr Kind absetzen kann, wenn es die Schuhe aus- und anzieht.

• Platzieren Sie im Badezimmer einen kleinen Tisch. Statten Sie den Tisch mit einer Schüssel und einem Krug für Wasser aus. Stellen Sie einen kleinen Spiegel auf und lassen Sie Ihr Kind die Routinen der Erwachsenen imitieren.

• Besorgen Sie einen Learningtower und ermöglichen Sie Ihrem Kind auch, in der Küche mitzuhelfen, wenn es von ihm gewünscht wird. Darüber hinaus können Sie Ihr Kind bei Alltagssituationen wie zum Beispiel dem Decken des Tischs einbinden.

• Versuchen Sie, Ihre Wohnung aus den Augen eines Kindes zu betrachten, und überlegen Sie sich, wo Ihr Kind selbstständiger sein könnte, wenn zum Beispiel bestimmte Utensilien anders im Wohnraum platziert werden.

• Trauen Sie Ihrem Kind mehr zu und integrieren Sie es in den gemeinsamen Alltag. Lassen Sie es mithelfen.

Mit diesem Angebot unterstützen Sie Ihr Kind dabei, sich möglichst unabhängig und selbstständig zu entfalten. Dies ist vor allem dem Erwerb der Alltagskompetenzen dienlich. Bitte vergessen Sie bei der Bereitstellung der aufgeführten Materialien nicht, dass Sie bei der Auswahl den individuellen Bedürfnissen und dem Entwicklungsstand gerecht werden.

Was das für Sie im Alltag bedeutet:

• Sehen Sie Ihr Kind als eigenständigen Menschen und verhelfen Sie ihm zu mehr Selbstständigkeit.

• Schaffen Sie eine Umgebung, in der sich Ihr Kind erproben kann und begleiten Sie es auf seinem

> Weg in seiner Entwicklung ständig. Wann immer es Ihre Unterstützung benötigt, geben Sie sie ihm.

Montessori geht aufgrund ihrer Beobachtungen davon aus, dass Kinder in der Lage sind, sich ständig mit verschiedenen Thematiken, die sie in ihrer Umwelt während ihrer Entwicklung entdecken, zu beschäftigen, ohne dass sie dabei durch äußere Umstände abgelenkt werden oder das Interesse an der Erkundung verlieren. Dies begründet sie mit der angeborenen Neugier des Kindes. Weiterhin geht sie bei den Annahmen über die Eigenarten des Kindes davon aus, dass jedes Wesen mit bestimmten Fähigkeiten und Anlagen zur Welt kommt, die die Entfaltung seiner Persönlichkeit vorherbestimmen und im Rahmen seines individuellen Entwicklungsprozesses beeinflussen.

Die Aufgabe der Kindheit besteht ihren Auffassungen zur Folge demnach darin, bestimmte Anpassungen an die vorhandene Umwelt vorzunehmen und die Eigenschaften der vorhandenen sozialen Gruppe zu erlernen und zu trainieren. Dies geschieht durch die Absorption und Entdeckung der Umwelt im Rahmen des Lernprozesses, den das Kind in seiner Entwicklung unweigerlich durchlebt. Neben der Nahrung, die es zur körperlichen Entwicklung benötigt, geht Montessori davon aus, dass auch die geistige Entwicklung genährt werden muss. Dies geschieht durch Menschen, von denen das Kind umgeben ist (Eltern, Erziehende).

Als geistige Nahrung versteht die Pädagogik Montessoris dabei den Faktor der Liebe. Soziale Verhaltensweisen werden durch das eigene Umfeld geprägt. Kindliche Entwicklung vollzieht sich aus Sicht von Montessori daher nicht nach den Wünschen derer, die Erziehung prägen, sondern im individuellen Tempo und nach dem jeweils von Geburt vorhandenen Bauplan eines jeden Kindes. Jedes Kind verfügt damit selbst über die Fähigkeit, sich und seine Persönlichkeit eigenständig zu entwickeln. Bei seiner Entwicklung nutzt das Kind dabei die Einflüsse der Umwelt. In den Grundzügen, den Bedürfnissen der Entwicklung und den damit verbundenen Prozessen werden alle Kinder als gleich verstanden. Dennoch betont Montessori im Rahmen ihrer Pädagogik die unverwechselbare Individualität, aus der heraus sich jedes Kind entwickelt.

Durch die Auseinandersetzung mit seiner jeweiligen Umwelt bildet das Kind aus innerem Antrieb heraus Körper und Geist. Um sich gemäß seiner Voranlagen zu entwickeln und sich seine Fähigkeiten unter der Einflussnahme des Umfeldes anzueignen, benötigt das Kind Freiheit und Ruhe im Rahmen des Lernprozesses, um sich auf die Entfaltung und die Entdeckung konzentrieren zu können. Durch die geistige Absorption seines Umfelds ist das Kind dann in der Lage, seine Umwelt ganzheitlich in sich aufzunehmen, daran zu wachsen und sich weiterzuentwickeln.

Im Alter von 0 bis 3 Jahren erfolgt diese Absorption in besonders intensiver Form. Das Lernen eines Kindes erfolgt in dieser Phase nahezu mühelos. Sinnesreize, Abläufe, Rituale, Sprache und vieles weitere werden vom Kind in diesem Zeitrahmen passiv, wertfrei und ohne größere Reflexion aufgenommen. Hierauf begründet sich dann im weiteren Verlauf die Basis für jede spätere Entwicklung des Kindes. Ab einem Alter von 4 Jahren verändert sich diese Form der Aufnahme von Eindrücken. Die passive Aufnahme von Umweltreizen wird zunehmend aktiver. Kinder entwickeln ab diesem Alter ein urteilendes und bewusstes Handlungsschema. Die Weiterentwicklung eines jeden Kindes ist aus Sicht von Montessori in all diesen Phasen der Entwicklung ein Streben nach Unabhängigkeit und Freiheit auf den unterschiedlichen Ebenen des Lebens und den dadurch erforderlichen Fähigkeiten.

Nun werden Sie sich sicherlich fragen, wo Sie im Alltag die Unabhängigkeit Ihres Kindes beobachten und begleiten können. Daher folgen hier ein paar Beispiele, die Ihnen die Beobachtung und das Verständnis des Entwicklungsprozesses Ihres Kindes erleichtern sollen. Im Alltag können Sie die Phasen der Unabhängigkeit bei Ihrem Kind im Rahmen der kindlichen Entwicklung zum Beispiel während der folgenden Prozesse beobachten:

• Die Aufnahme von fester Nahrung löst das Kind von der Abhängigkeit der Mutter/Eltern.

• Die zunehmende Mobilität: Krabbeln, Klettern, Aufstehen, Gehen, Laufen. (Mobilität ermöglicht es dem Kind, die Umwelt nach dem eigenen Bedürfnis zu erkunden.)

• Die Entwicklung der Sprachfähigkeit: Mit Beginn der Sprachfähigkeit ist das Kind in der Lage, sich mitzuteilen und damit nicht mehr darauf angewiesen, dass seine Bedürfnisse vom Umfeld erraten werden. Bedürfnisse können ab diesem Punkt klar benannt werden.

Nach Ausbildung dieser Schritte der Unabhängigkeit wird das Kind zunehmend zur eigenen Persönlichkeit. Im Rahmen des kindlichen Erkundungsprozess empfiehlt Montessori, dem Kind Raum zu geben, um diese eigene Persönlichkeit zu erkunden und unabhängig zu werden. Der Prozess erfordert die Begleitung der Erzieher (sowohl institutionell als auch familiär) und dient dazu, die Übernahme von Eigenverantwortung zu trainieren. Alle Entwicklungen laufen in einem geschützten Rahmen ab und müssen durchgehend durch Erziehende begleitet werden.

Zusammengefasst baut das pädagogische Konzept von Maria Montessori daher auf folgenden Punkten auf:

• Die Förderung von selbstständigem, unabhängigem Denken und Handeln.

• Die Orientierung an individuellen Fähigkeiten, Begabungen und Talenten des Kindes.

- Die Unterstützung bei der Entwicklung des eigenen Willen des Kindes.

- Die Gelegenheit zur Verwirklichung der Lernbedürfnisse des Kindes.

- Die Vermittlung von Hilfe sowie die Unterstützung, nach Hilfe zu fragen, wann immer diese durch das Kind benötigt wird. „Gemeinsam sind wir stark!" (hier wird auf die sensiblen Phasen angesprochen. Die Erläuterung hierzu folgt im nachfolgenden Abschnitt.)

- Die Erlangung von Selbstständigkeit durch das Ausführen alltäglicher Arbeiten: Die Ausübung praktischer Handgriffe erleichtert den Alltag des Kindes.

- Die Hilfestellung und Unterstützung bei akuten Problemen: Kinder sollen lernen, Problemen nicht auszuweichen, sondern sie zu lösen, indem sie sie angehen und überwinden.

Die Berücksichtigung dieser Eckpunkte ermöglichen dem Kind die Ablösung von den Erwachsenen sowie die Entwicklung einer in sich ruhenden und ausgeglichenen Persönlichkeit.

KINDLICHE ENTWICKLUNGSSTU-
FEN NACH MONTESSORI

Montessori geht davon aus, dass junge Menschen in ihrem Entwicklungsprozess bestimmte Entwicklungsphasen durchlaufen. Jede Entwicklungsstufe zeichnet sich dabei durch bestimmte Eigen- und Besonderheiten aus. Hierbei meint Montessori speziell den Bezug zu Geist und Psyche, auf die sich diese Entwicklungen auswirken. Sie selbst entwickelte daher zu jeder Entwicklungsstufe ein spezifisches Konzept, dass Kindern helfen soll, sich selbstständig gemäß der eigenen Fähigkeiten und Kompetenzen zu entwickeln, je nach eigenem Rhythmus und Tempo:

Das erste Kindheitsstadium: Für Kinder im Alter zwischen 0 und 6 Jahren besteht laut Auffassung der Pädagogik von Montessori die wichtigste Zeit des Lebens, da sich in dieser Phase die Persönlichkeit sowie die Fähigkeiten und Kompetenzen des Kindes formen. Die ersten sechs Jahre werden daher metaphorisch als zweite embryonale Phase gesehen, in der sowohl Geist als auch Psyche wachsen können. Reize werden vom Kind in dieser Altersspanne besonders intensiv wahr-

und aufgenommen. Die Umwelt wird sprichwörtlich absorbiert und in die Persönlichkeit des Kindes integriert.

Das zweite Kindheitsstadium: Dieses Stadium wird häufig auch als „labile Phase" bezeichnet. Die Altersspanne dieser Phase vollzieht sich im Alter zwischen 6 und 12 Jahren. Das Kind durchläuft in ihr verschiedene Perioden: „Sensible" und „Sensitive". Das Durchlaufen dieser Phasen macht das Kind besonders empfindsam für bestimmte Anreize aus seinem Umfeld und der Umwelt. Konkret stehen diese Reize mit Bewegung, Sprache und sozialisierenden Prozessen in Zusammenhang. Die Fähigkeit, für äußere Reize empfänglich zu sein, bleiben dem Kind weiterhin erhalten. Findet es etwas, was sein Interesse weckt, ist es in der Lage, seine Konzentration ausschließlich auf den Gegenstand der Beschäftigung zu fokussieren. Umwelteinflüsse lenken das Kind in dieser Phase in aller Regel nicht ab. Montessori spricht an dieser Stelle von der Polarisation der Aufmerksamkeit, eine Phase tiefer Konzentration, die das Kind in einen Zustand versetzt, in dem es sich während der spielerischen Entdeckung selbst vergisst und anhand der vorhandenen pädagogischen

Materialien in der Lage ist, seine Kompetenzen und Fähigkeiten nachhaltig zu prägen. Greifen und Begreifen werden auf diesem Weg zu einer untrennbar verbundenen Einheit, die den gesamten Lernprozess begleitet und wesentlicher Bestandteil für die weitere kindliche Entwicklung ist.

Das Jugendstadium: Das Jugendstadium vollzieht sich im Alter von 12 bis 18 Jahren und unterscheidet sich von den vorangegangenen Lernphasen und Entwicklungsstufen. Das Kind durchläuft einen Prozess, in dessen Rahmen sich sowohl physisch als auch psychisch viele Veränderungen ergeben. Mit diesen Veränderungen ergeben sich beim Kind häufig Verunsicherungen, die unvermeidlich sind. Der Jugendliche beginnt, sich als Teil einer bestehenden Gesellschaft zu betrachten, und versucht, sich in ebendieser zu behaupten. In diesem Prozess strebt er nach Anerkennung. Die Stärkung des Selbstbewusstseins und Selbstvertrauens stellt daher in dieser Phase eine wichtige Aufgabe für den Erzieher dar. Der Jugendliche begreift sich als sozial sensibles Wesen und möchte ebenso als dieses wahrgenommen und behandelt werden.

Erwachsenenreife: Im Alter zwischen 18 und 24 Jahren beginnt der Jugendliche, zum Erwachsenen heranzuwachsen. In dieser Zeit wird das soziale Leben besonders intensiv erfahren. Inhaltlich vollzieht sich in dieser Phase die Orientierung innerhalb der Gesellschaft.

Da sich jede Phase inhaltlich sowie im Rahmen der vorhandenen Eigenschaften und Bedürfnisse von der vorherigen beziehungsweise nachfolgenden Phase abhebt und unterscheidet, beschreibt Montessori diese Veränderungen bildlich mit der Verwandlung einer Raupe in einen Schmetterling und begründet dies mit dem stetig wachsenden Lernprozess, der den Entwicklungsprozess dauerhaft begleitet.

DIE THEORIE DER SENSIBLEN PHASEN

Montessori hat durch die Durchführung ihrer Beobachtungen festgestellt, dass Kinder im Rahmen ihrer kindlichen Entwicklung über bestimmte Entwicklungsabschnitte verfügen, in deren Kontext sie für bestimmte Erfahrungen ganz besondere

Offenheit zeigen. Neben den spezifischen, alters-bezogenen Entwicklungsstufen geht Maria Montessori daher in Ihrer Entwicklungstheorie davon aus, dass alle Kinder in ihrer Entwicklung Phasen durchlaufen, in denen sie für äußere Reize besonders empfänglich sind.

Diesen sensiblen Phasen kommt in ihrer Theorie der Pädagogik eine besondere Bedeutung zu. Sie werden als Phasen beschrieben, die als vorübergehend zu betrachten sind und dazu dienen sollen, sich Fähigkeiten und Fertigkeiten aus der Umwelt anzueignen. Es wird davon ausgegangen, dass die sensiblen Phasen altersspezifisch ausgeprägt sind, die Dauer und Ausprägung jedoch von Kind zu Kind unterschiedlich und individuell verlaufen kann. Charakterisiert werden sensible Phasen dadurch, dass das Kind in dieser Phase besonders mühelos Neues lernen und sich Kompetenzen aneignen kann.

Lernen erhält hierdurch einen spielerischen Charakter und erfolgt häufig sogar unbewusst im Verlauf des Schaffensprozesses. Übertragen könnte man sich diese Phasen deshalb wie ein Zeitfenster vorstellen, das sich für einen bestimmten Zeitraum öffnet und für die Aneignung von

Wissen und Fähigkeit prädestiniert ist und sich im Anschluss wieder schließt. Nach dem Abklingen einer solchen Phase, also wenn das Zeitfenster sich erneut geschlossen hat, bedürfen Lernprozesse einer höheren Anstrengung und vor allem deutlich mehr Zeit, bis Kompetenzen verinnerlicht sind.

Aufgabe des Erziehers ist es daher, in dieser Phase besonders die Entwicklungsfenster zu erkennen, darauf einzugehen und eine Umgebung zu schaffen, die dem Kind den Raum für die nötige Erprobung einräumt. Er übernimmt in diesem Zusammenhang daher die Aufgabe, dem Entfaltungsdrang des Kindes mit Liebe und dem nötigen Respekt zu begegnen. Darüber hinaus ist er für die Einhaltung der Regeln und die Begleitung des Kindes bei der Suche nach Lösungsmöglichkeiten für konkrete Problemstellungen (zum Beispiel im Konflikt mit anderen Kindern – Kind soll bestärkt werden, den Konflikt selbstständig zu lösen, sofern möglich) zuständig. Gestaffelt nach dem Alter gestalten sich diese sensiblen Phasen thematisch wie folgt:

---

0 – 3 Jahre

- Sensibilität für Bewegung
- Sensibilität für Ordnung
- Sensibilität für Sprache

Beispiele, an denen Sie die Entwicklung der für diese Altersgruppe üblichen sensiblen Phasen erkennen können:

Ihr Kind erlernt das Krabbeln und beginnt, sich im Raum fortzubewegen. Es greift nach Gegenständen, übt sich im Balance-Gefühl und erlernt das eigenständige Laufen. Zudem wird es erste Sprechversuche unternehmen.

Praktische Tipps:

In diesem Alter ist die konkrete Ausrichtung der Erziehung nicht möglich. Trotzdem nehmen Kinder in dieser Phase viele Eindrücke aus ihrem Umfeld und der sie umgebenden Umwelt auf. Der kindliche Geist kann in dieser Zeit als ein Schwamm verstanden werden, der alle Eindrücke in sich aufnimmt und sich vollsaugt. Die Hauptaufgabe besteht für alle Erziehenden in dieser Phase darin, das Kind bei genau diesem Tun zu unterstützen und zu begleiten. Besonders mit Blick auf die Ausbildung der Motorik und die Herausbildung der kindlichen Geschicklichkeit bieten sich in dieser Altersspanne viele Möglichkeiten, das Kind beim Lernen zu unterstützen:

• Schneiden von (weichem) Obst (mit Kindermesser)

• eigenständiges Ein- und Auskleiden

• Befüllen eines Wasserglases mit Flüssigkeit

Begleiten können Sie Ihr Kind in dieser sensiblen Phase durch:

• feste Abfolgen, Regeln und Rituale. Bieten Sie Ihrem Kind Sicherheit, eine verlässliche, geborgene Umgebung in dieser aufregenden, großen Welt, die Ihr Kind vor so viele Fragen stellt.

---

3 – 6 Jahre

• Sensibilität für Zusammenleben (soziale Kompetenzen)

• Sensibilität für Bewusstseinsentwicklung

• Sensibilität für die Vertiefung des bereits Erlernten

Beispiele, an denen Sie die Entwicklung der für diese Altersgruppe üblichen sensiblen Phasen erkennen können:

Der Wortschatz Ihres Kindes wird sich erweitern – Ihr Kind lernt zunehmend, mehr mit Ihnen zu kommunizieren. Sie stellen fest, dass Ihr Kind Interesse an Zählen, Schreiben und Lesen zeigt. Im Alltag erhalten Sie häufige Warum-Fragen, mit deren Hilfe Ihr Kind versucht, die Zusammenhänge der Welt und seiner Umgebung besser verstehen zu können. Darüber hinaus sucht Ihr Kind zunehmend den Kontakt außerhalb der Familie.

Praktische Tipps:

Da diese Phase als die intensivste Phase in Bezug auf das Lernen gilt, ist es wichtig, dies ausgiebig zu nutzen und dem Kind genügend Lernmöglichkeiten zu bieten. Besonders zunutze machen können sich Eltern und Erzieher in diesem Kontext den ausgeprägten Bewegungsdrang des Kindes. Darüber hinaus neigen Kinder dieser Altersspanne dazu, alles mit den Sinnen erfahren zu wollen. Lernmöglichkeiten, die Sie in dieser Phasen in Ihren Alltag integrieren können, können sein:

• Geometriebaukästen, die spielerisch das Verständnis für Formen schulen,

• Beteiligung an Tätigkeiten des Haushalts,

• Basteln mit Stoffen unterschiedlicher Farben,

• ertastbare Buchstaben,

• Symbolkarten für die Wortschatzerweiterung oder

• das Anfertigen von Emotionskarten, die es Ihrem Kind ermöglichen, seine Gefühle besser erkennen und ausdrücken zu lernen.

Begleiten können Sie Ihr Kind in dieser sensiblen Phase wie folgt:

• Nehmen Sie sich die Zeit, die Fragen Ihres Kindes zu beantworten – auch wenn es anstrengend sein kann. Ihr Kind versucht, mithilfe der Fragen die Zusammenhänge der Welt zu verstehen.

• Unterstützen Sie Ihr Kind dabei, bereits erlernte Dinge immer wieder zu üben. Auf diese Weise helfen Sie ihm, seine Kompetenzen zu verbessern und seine Sinne zu schärfen.

6 – 12 Jahre
• Sensibilität für Abstraktionen

- Sensibilität für neue soziale Beziehungen
- Sensibilität für die Entwicklung eines moralischen Bewusstseins

Beispiele, an denen Sie die Entwicklung der für diese Altersgruppe üblichen sensiblen Phasen erkennen können:

In dieser Phase wird Ihr Kind seine Freundschaften zu anderen Kindern zunehmend intensivieren. Daneben wird es sein Interesse an bestimmten Hobbys ausbilden. Der Sinn nach Gerechtigkeit wird in Ihrem Kind besonders deutlich zum Vorschein kommen. Zudem lernt Ihr Kind, zwischen „Gut" und „Böse" zu unterscheiden. Zusammenhänge werden weiterhin interessiert erforscht.

Praktische Tipps:

Auch wenn Kinder in dieser Phase der Entwicklung die Ermutigung ihrer Eltern und Außenstehender benötigen, so ist es ebenso wichtig, dass Sie sich als Eltern von Ihrem Kind „loslösen". Konkret bedeutet dies, Ihrem Kind Raum zu bieten, um sich mit Freunden zu treffen und soziale Kontakte zu knüpfen. Dies ist wichtig für das Einüben gesellschaftlicher Strukturen. Als Eltern können Sie daher unterstützen, indem Sie

• Ihre Kinder dazu ermutigen, ihre Interessen zur Ausübung bestimmter Hobbys auszubauen. Ihr Kind kann in diesem Kontext seine sozialen Kompetenzen weiter schulen und sich in der Interaktion sozialer Gruppen erproben.

• die naturwissenschaftliche Wissbegierde Ihres Kindes stillen, indem Sie sich viel mit ihm in der Natur aufhalten und diese gemeinsam erkunden.

• mit Ihrem Kind an einem kindgerechten Chemiebaukasten die Experimentierfreude Ihres Kindes befriedigen.

• die musikalischen Interessen Ihres Kindes unterstützen und, falls vom Kind gewünscht, bei der Erlernung eines Musikinstrumentes zur Seite stehen. Begleiten können Sie Ihr Kind in dieser sensiblen Phase wie folgt:

• In dieser Phase sollten Sie die Interessen Ihres Kindes unterstützen. Sollte ein besonderes Interesse bestehen, helfen Sie Ihrem Kind dabei, seine Fähigkeiten in diesem Bereich weiter auszubauen.

• Unterstützen Sie den Ausbau sozialer Kontakte.

· Helfen Sie Ihrem Kind dabei, die Welt zu verstehen.

> 12 – 18 Jahre
> · Sensibilität für soziale und gesellschaftliche Prozesse
> · Sensibilität für wissenschaftliche Erkenntnisse
> · Sensibilität für politische Verantwortung
> · Sensibilität für Menschenwürde und Gerechtigkeit

Beispiele, an denen Sie die Entwicklung der für diese Altersgruppe üblichen sensiblen Phasen erkennen können:

Sie werden feststellen, dass Ihr Kind in dieser Phase sehr damit beschäftigt sein wird, seinen Platz in dieser Welt zu finden. Viele Ansichten, die vorher als gefestigt galten, könnten nun ins Wanken geraten. Zudem werden die Freunde Ihrer Kinder vorübergehend den Lebensmittelpunkt der Alltagsgestaltung darstellen. Der Wunsch nach Selbstständigkeit wächst.

Praktische Tipps:

Diese Phase wird bei Montessori als eine schwierige Phase umschrieben – sowohl für das Kind als auch für den Erwachsenen. Ihr Kind steht in dieser Phase im Konflikt mit sich selbst. Während es nach mehr Selbstständigkeit und Unabhängigkeit strebt, besteht in ihm trotzdem weiterhin das Bedürfnis nach Ihrem Schutz und Ihrer Unterstützung. Unterstützen können Sie Ihr Kind in dieser Altersspanne deshalb so:

• Erlauben Sie Ihrem Kind, an betreuten Reisen und Ausflügen ohne Eltern teilzunehmen.

• Respektieren Sie, dass Ihr Kind im Laufe seiner Entwicklung seine eigene Meinung ausbilden und vertreten wird. Nehmen Sie dies ernst und signalisieren Sie ihm Ihr Einverständnis damit.

• Sorgen Sie für eine gesunde und ausgewogene Ernährung. Nicht nur die geistige Entwicklung, sondern auch die körperliche Entwicklung ist für das gesunde Aufwachsen unabdingbar.

Begleiten können Sie Ihr Kind in dieser sensiblen Phase wie folgt:

- Seien Sie für Ihr Kind da. Diese Phase wird es als besonders unsicher empfunden.
- Unterstützen Sie den Wunsch nach Selbstständigkeit, soweit dies vertretbar ist.

---

18 – 24 Jahre
- Erfahrungsschule des sozialen Lebens
- Reifung der Persönlichkeit

In dieser Phase geht es für das Kind/den Jugendlichen darum, das soziale Leben zu erfahren. Hierzu zählt auch das eigenständige Treffen von Entscheidungen. Die Konsequenzen des eigenen Handelns können in diesem Alter abgeschätzt und erfasst werden. Das bisher gesammelte Wissen kann in den eigenen Erfahrungsschatz integriert und verwertet werden.

Beispiele, an denen Sie die Entwicklung der für diese Altersgruppe üblichen sensiblen Phasen erkennen können:

Nach dem Schulabschluss wird Ihr Kind zunehmend eigene Entscheidungen treffen. Es wird sich für einen Bildungsweg und im Anschluss für einen Beruf entscheiden, gegebenenfalls sogar die

Stadt wechseln, in der es wohnen möchte. Darüber hinaus wird Ihr Kind sich zunehmend eine eigene Meinung bilden zum (zum Beispiel) dem gesellschaftlichen oder politischen Geschehen oder den Geschehnissen der Welt im Allgemeinen.

Praktische Tipps:

Ihr Kind wird sich in dieser Phase von Zeit zu Zeit mit den an es selbst gestellten Anforderungen überfordert fühlen. Die Verantwortung, die mit dem Erwachsensein und dem Treffen von Entscheidungen einhergeht, muss erst noch zur Gewohnheit werden und Festigung finden. Hilfestellung können Sie Ihrem Kind leisten, indem Sie:

· für Ihr Kind da sind und ihm das auch signalisieren.

· mit ihm im Gespräch bleiben und ihm Ihre Hilfe anbieten, wann immer es diese benötigt.

· ihm zuhören, seine Sorgen verstehen und es ernst nehmen.

Damit Sie Ihrem Kind in den beschriebenen Phasen genau das geben, was es benötigt, sollten Sie es genau beobachten, aktiv unterstützen und es in seinem Tun bestärken. Bei der Begleitung dieser Phasen kann es hilfreich sein, sich immer wieder folgende Fragestellungen ins Gedächtnis zu rufen:

- Was tut Ihr Kind?
- Wie tut es etwas?
- Wann tut es etwas?
- Wo tut es etwas?
- Wie lange tut es das?
- Mit wem?

Insgesamt sollte bei der Berücksichtigung der hier genannten Tipps jedoch nicht außer Acht gelassen werden, dass die sensiblen Phasen natürlich noch weiter differenziert werden können und sich auch von Kind zu Kind unterscheiden. Das liegt vor allem daran, dass bestimmte Meilensteine in der Entwicklung Ihres Kindes sehr stark an den Verlauf einer sensiblen Phase erinnern, in der Aufzählung nach Montessori jedoch keine dieser Phasen darstellen. Ein gutes Beispiel hierfür ist zum Beispiel das Aufsuchen der Toilette ohne Windelnutzung (keine! sensible Phase). Darüber hinaus ist es wichtig zu wissen, dass nicht jedes Kind zur exakt gleichen Zeit in die gleiche sensible Phase eintritt.

Die Entwicklung und Ausprägung der jeweiligen Phasen verläuft stark individualisiert. Vergessen Sie dabei also nicht, dass jedes Kind seine eigene Struktur, Zeit und Art und Weise hat, sich Wissen und Fertigkeiten anzueignen.

POLARISATION DER AUFMERKSAMKEIT: „HILF MIR, ES SELBST ZU TUN!"

Neben der Theorie der sensiblen Phasen geht Montessori bei der Beschreibung ihrer Erziehungsvorstellungen von einem weiteren zentralen Merkmal der kindlichen Entwicklung aus: Dieses benennt sie mit dem Begriff der „Polarisation der Aufmerksamkeit". Hiermit umschreibt sie nichts anderes als die Tatsache, dass ein Kind im Lernprozess so begeistert sein kann, dass es alles um sich herum ausblendet und seinen Fokus nur noch auf das zu Erlernende richtet. Es widmet seine Aufmerksamkeit in diesen Momenten vollständig einer Sache, die es begeistert, und schult seine Fähig- und Fertigkeiten in diesem Bereich nahezu eigenständig. In diesem Zustand taucht das Kind, durch die Auseinandersetzung mit einem

Gegenstand, tief in die Gesetzmäßigkeiten und Problematiken ein, bei denen es die Zusammenhänge unterschiedlicher Themenbereiche zu verstehen beginnt. Dieser Zustand wird bei Montessori als das oberste Entwicklungsziel und als Schlüssel jeder weiteren Entwicklung der Persönlichkeit und Ausbildung von Kompetenzen im Rahmen ihres pädagogischen Konzepts verstanden.

Ein Kind polarisiert sich in dieser Phase selbstständig auf den von ihm frei gewählten Sachverhalt – meist der Sachverhalt, an dem es gerade am meisten Interesse hat. Kinder sind in diesem Zustand in der Lage, eine Phase tiefster Konzentration in sich zu erzeugen, ohne dass eine Einwirkung von außen stattfinden muss. Montessori widerspricht mit dieser Annahme eines solchen Zustandes der weitverbreiteten Auffassung nach unbeständiger Tätigkeit eines Kindes, die besagt, dass Kinder sich nur zeitlich begrenzt und oftmals mit rasch wechselnden Interessen einer Sache zuwenden.

Als Voraussetzung für das Entstehen eines ebensolchen Zustandes benennt die pädagogische Theorie von Montessori die Gewährung von

Freiheit durch den Erzieher. Was sie damit meint? Jedes Kind sollte durch einen vorbereiteten Lernraum (Möglichkeiten der altersgemäßen Erprobung von Fähig- und Fertigkeiten sowie das Einüben bestimmter – zum Beispiel – motorischer Kompetenzen) die Möglichkeit erhalten, selbst entscheiden zu können, womit es sich gern beschäftigten und weiter ausbilden möchte. Somit sollte die Umgebung, in der es sich bewegt, ihm die Möglichkeit bieten, seinen Wissenshunger zu stillen und einem ungestörten Tätigkeitsdrang nachzugehen, ohne dass es eine Einwirkung von außen erfordert (solange das Kind dies nicht von sich aus einfordert).

Der Kern der pädagogischen Bemühungen der Theorie von Montessori bildet damit die Polarisation der Aufmerksamkeit. Sie hat umfassende Auswirkungen auf die Ausbildung der Persönlichkeit und die Bildungsentwicklung eines Kindes. Entwicklungen erfolgen während dieser Phase neben dem sozialen Bereich auf der Ebene der Emotionalität und Moralität. Die Wahrnehmung der Welt erhält in diesen Phasen eine klarere Strukturierung. Die in diesem Prozess entstehende Stille wird sich auch auf das Innere des Kindes positiv auswirken: Die damit einhergehende, geistige Konzentration führt merklich zur seelischen Entspannung des Kindes. Im Anschluss an diese intensive Phase der Konzentration werden Kinder ausgeglichen und voller Freude sowie mit gestärktem Selbstwertgefühl hervorgehen. Inhaltlich unterteilt Maria Montessori die Polarisation der Aufmerksamkeit in drei Abschnitte und beschreibt diese wie folgt:

1. Die Vorbereitung: Hier sucht sich das Kind das von ihm gewünschte Material und verbindet sich mit der Sache.

2. Die große Arbeit: Das Kind übt die von ihm gewählte Tätigkeit so lange aus, bis es seinen Wissenshunger und seine Neugierde gestillt hat. Im Rahmen der großen Arbeit verschmilzt das Kind in seiner Aufmerksamkeit völlig mit der von ihm gewählten Übung. Von außen ist es in dieser Phase kaum ablenkbar. Umweltreize und Einflüsse von außen werden von ihm vollständig ausgeblendet. Das Handeln und Denken des Kindes richten sich in diesem Zustand nur auf die Übung und hat lediglich diese zum Ziel.

3. Nach der großen Arbeit: Hier erfolgt die Verarbeitung des zuvor Erlernten.

Falls Sie sich nun fragen, welcher Voraussetzungen es für die Schaffung eines solchen Zustandes der tiefsten Konzentration bedarf, folgt hier die zugehörige Erläuterung:

Damit Ihr Kind sich aus freiem Willen in diesen Zustand begeben kann, muss es sich selbst dazu bereit fühlen und es aus eigenem Antrieb wollen. Als Rahmenbedingungen benötigt es hierzu:

• Die Bereitstellung der angemessenen, vorbereiteten Umgebung,

• eine vertrauensvolle Atmosphäre

• sowie die freie Wahl der Tätigkeit und des Materials.

Zur Gewährleistung dieser Rahmenbedingungen benötigt Ihr Kind eine vertraute Person, die es auf seinem Weg begleitet, aufmerksam beobachtet, seine Bedürfnislagen erkennt, darauf reagiert und die Umgebung entsprechend seinem Entwicklungsstand so vorbereitet, dass es sich in ihr ausprobieren und lernen kann. Ihre wichtigste Aufgabe besteht in dem Zusammenhang darin, Ihr Kind genau zu beobachten.

Beispielhandlung für eine mögliche Polarisation der Aufmerksamkeit können Sie beobachten, wenn Ihr Kind Bauklötze einfacher, geometrischer Formen in ein dafür vorgesehenes, passendes Gefäß mit passenden Löchern steckt oder Wasser von einem Gefäß in ein anderes gießt (typische Übungen nach Montessori). Der Zustand, in dem sich Ihr Kind dann befindet, ist vergleichbar mit dem Zustand, in dem sich ein Erwachsener beispielsweise beim Lesen, Lösen von komplexen Aufgaben oder Ähnlichem befindet. Mit Eintreten der Polarisation der Aufmerksamkeit wird das Kind in seiner Entwicklung weiter wachsen und sich verändern. Das dazugewonnenen Wissen unterstützt das Kind dabei, sein inneres Chaos zu ordnen und mit sich zufriedener zu werden. Sein Selbstwertgefühl wird in diesem Kontext einen großen Zuwachs erfahren.

Die Anwendung der Montessori-Pädagogik im Alltag

DIE GRUNDHALTUNG DES ERZIEHENDEN

Im Konzept von Maria Montessori versteht sie den Erziehenden (unabhängig davon, ob institutionell oder familiär) als Entwicklungsbegleiter des Kindes, der ihm in erster Linie Liebe, Wertschätzung und Vertrauen entgegenbringt. Das Kind wird von ihm als eigenständige Person betrachtet. Zurückhaltend und beobachtend soll der Erziehende in ihrem Konzept das Kind begleiten. Die Äußerungen des Erziehenden sind klar strukturiert und seine Haltung ist geduldig, feinfühlig und empathisch. Die Aufgabe als Erziehender ist es daher, die Umgebung, in der das Kind lernen soll, reizvoll und dem Entwicklungsstand des Kindes angemessen zu gestalten, sodass sie für das Kind ansprechend ist und es zum Lernen animiert. Daneben sollen Erziehende das Kind stetig beobachten.

Das Ziel dabei ist es, die Bedürfnisse des Kindes besser verstehen zu lernen und dem Kind auf diesem Weg zu mehr Selbstständigkeit zu verhelfen. Stellen Sie sich dabei immer die zentrale Frage, ob Ihr Kind Ihre Hilfe gerade wirklich benötigt oder ob es gegebenenfalls auch in der Lage ist, die Situation allein zu bewältigen. Ist Letzteres der Fall, geben Sie ihm die Möglichkeit, es allein zu versuchen. Zusammengefasst sollten Sie sich Folgendes als Erziehender immer bewusst machen und sich daran erinnern:

• Verstehen Sie sich selbst als Bindeglied zwischen der Umgebung und Ihrem Kind. Sie sind sein Gehilfe und unterstützen und begleiten den Lernprozess Ihres Kindes.

- Sie sind NICHT der Baumeister der Erprobungen Ihres Kindes, sondern Sie sind das Vorbild, an dem es lernen kann.

- Erteilen Sie Ihrem Kind die Möglichkeit, Lernlektionen zu absolvieren (z. B. Jacke selbstständig aufhängen, beim Tischdecken helfen, Schuhe allein an- und ausziehen ...).

- Lassen Sie Ihrem Kind die Freiheit, selbst zu wählen, was es lernen möchte. Machen Sie Angebote, aber entscheiden Sie nicht für Ihr Kind, was als Nächstes gelernt werden soll. Ihr Kind tut dies, sobald es dazu bereit ist.

- Setzen Sie Ihrem Kind Grenzen, um es vor Störungen im Lernprozess zu bewahren. Hierbei ist es jedoch wichtig, dass das Kind im Rahmen des Lernprozesses versteht, dass die von Ihnen gesetzten Grenzen nicht als Bestrafung zu verstehen sind, sondern als Konsequenz, die aus seinem vorangegangenen Handeln hervorgegangen ist. Nehmen Sie sich hierfür Zeit.

- Helfen Sie Ihrem Kind dabei, Dinge selbstständig und aus eigenem freien Willen zu tun. Greifen Sie nur ein, wenn Ihr Kind eigenständig nicht mehr weiterkommt. Ein zu frühes Eingreifen könnte das

Erfolgserlebnis Ihres Kindes im Rahmen des von ihm gewählten Lernprozesses deutlich verringern.

• Vermitteln Sie eine gute Streitkultur. Seien Sie Vorbild und bewahren Sie die Ruhe. Versuchen Sie, auch im Streit zwischen Geschwisterkindern nicht sofort einzugreifen. Sofern ein Eingreifen unvermeidbar ist, lassen Sie sich von beiden Kindern den Streithergang erklären. Erläutern Sie Ihren Kindern, dass Sie als außenstehende Person nicht beurteilen können, wer recht hat. Geben Sie in diesem Rahmen noch einmal die Möglichkeit, dass sich die Kinder gegenseitig ihren Unmut erklären können, und lassen Sie zu, dass sie die Schwierigkeiten eigenständig lösen. (Handgreiflichkeiten müssen natürlich immer sofort unterbunden werden.)

• Sprechen Sie Fehler Ihres Kindes an, machen Sie ihm aber keine Vorwürfe. Erklären Sie Ihrem Kind, was falsch gelaufen ist, und zeigen Sie ihm Wege auf, sein Verhalten beim nächsten Mal selbstständig zu korrigieren.

• Hören Sie Ihrem Kind aufmerksam zu. Beschäftigen Sie sich während der Kommunikation nicht mit anderen, die Aufmerksamkeit ablenkenden Dingen.

• Lob und Tadel sollten vermieden werden. Das Kind soll nichts tun, um den Erwachsenen zu gefallen oder nach Anerkennung zu streben, sondern ausschließlich aus dem eigenständigen Willen nach der Erweiterung seines Wissens.

• Lassen Sie Ihr Kind Verantwortung übernehmen. Wenn Ihr Kind Spielzeug nutzt, ist es selbst dafür verantwortlich, dieses auch wieder an den dafür vorgesehenen Platz zu verstauen. Dazu ist es wichtig, dass jedes Spielzeug seinen festen Platz hat, damit sich Ihr Kind orientieren kann.

• Erlauben Sie Ihrem Kind auch die Verwendung zerbrechlicher Materialien. Nur so lernt es, verantwortungsvoll damit umzugehen und vorsichtig zu sein.

• Beschränken Sie sich bei Ihren Erläuterungen auf das Wesentliche. Wenn Sie Ihrem Kind verbale Erklärungen bieten, liefern Sie es nicht einem Übermaß an Information aus, die es nicht verarbeiten kann.

Agieren Sie im Rahmen Ihrer Erziehung als Vorbild für Ihr Kind, es wird versuchen, Sie nachzuahmen. Seien Sie achtsam mit Ihrer Umwelt, vermitteln Sie Ihre Wertvorstellungen und Regeln, aber akzeptieren und respektieren Sie dabei gleichzeitig die Stärken und Schwächen Ihres Kindes. Nicht jeder kann alles gleich gut. Darüber hinaus kommt Ihnen die Aufgabe zu, immer zur Stelle zu sein, sollte Ihr Kind Unterstützung benötigen und Sie gezielt um Hilfe bitten oder diese einfordern. Lernen Sie, Ihr Kind zum Lernen hinzuführen, und nehmen Sie sich dann gezielt zurück, um Ihrem Kind die Möglichkeit von Freiheit, Selbstständigkeit und Unabhängigkeit zu bieten. Lernen geschieht im Rahmen der Montessori-Pädagogik nicht durch äußere Einflüsse, sondern durch den sich im Kind vollziehenden Lernprozess (eigenständige Aktivität des Kindes).

Folgt man der Chronologie des Alters, bedeutet das, dass Eltern von Geburt an in ihrer Rolle als Erzieher gefordert sind. Bereits im Baby- und Kleinkindalter sollten Sie daher die Entwicklung Ihres Kindes mit der Vorbereitung kleinerer Aufgaben fördern. Fortgesetzt wird diese Aufgabe im Grundschulalter, wenn die Vorstellungskraft und

Abstraktionskraft Ihres Kindes weiter anwächst. In diesem Alter prägt sich der Forscherbedarf besonders aus, weshalb die Umgebung entsprechen angepasst werden sollte, um das Bedürfnis Ihres Kindes nach Entdeckung und Erforschung zu stillen. Darüber hinaus wird die Integration in soziale Zusammenhänge (z. B. das Knüpfen von Freundschaft) Thema sein. Diese Entwicklungen setzen sich bis ins Erwachsenenalter fort und müssen daher gezielt von Ihnen entsprechend den Bedürfnissen Ihres Kindes, unter Berücksichtigung der jeweiligen individuellen Entwicklungsphase, in der es sich gerade befindet (siehe vorangegangene Kapitel), gefördert werden.

GESTALTUNG DER LERNUMGEBUNG: WIE KANN ICH MEIN KIND GEZIELT FÖRDERN?

Die wohl wichtigsten Grundlagen für die Umsetzung und Durchführung der Montessori-Pädagogik stellen die Lehr- und Arbeitsmaterialien dar, die die Lernumgebung gestalten und für Ihr Kind begreifbar machen sollen. Dazu stellt die kindgerechte Herrichtung der Lernumgebung den

Schlüssel des pädagogischen Konzepts nach Montessori dar. Bei der Ausgestaltung der Materialien geht es daher vor allem darum, sie im Sinne der individuellen Entwicklung des Kindes anzupassen und zur Verfügung zu stellen, sodass das Kind sie eigenständig und ohne Hilfe von außen erreichen kann. Darüber hinaus sollte sie so gestaltet sein, dass sie das Kind zum selbstständigen Lernen animiert und es aus eigenem Antrieb und freiem Willen lernen kann. Das fördert laut Auffassung von Montessori die Selbstdisziplin des Kindes.

Hinter jeder durchgeführten Übung oder Lerneinheit geht es um die konkrete Herausbildung einer bestimmten Kompetenz gemäß der individuellen Entwicklung. Durch das Erfassen der dargebotenen Zusammenhänge kann das Kind eine Erkenntnis gewinnen und daran Fertigkeiten ausbilden. Voraussetzung dafür ist jedoch, dass die zur Verfügung gestellten Materialien dem Kind die Möglichkeit bieten, dass es Fehler eigenständig erkennen und korrigieren kann. Auf diese Weise eignet sich das Kind Problemlösestrategien an, die es im späteren Leben brauchen wird. Montessori untergliedert die verwendeten Materialien daher in die folgenden Bereiche:

• Mathematikmaterial: Hier kommen gern Zahlenbretter oder geometrische Figuren zum Einsatz, die die Zahlen- und Formenwelt greifbar machen sollen.

• Materialien zur kosmischen Erziehung: Kosmische Erziehung meint dabei das Verständnis davon, dass das Kind im Erziehungsprozess unterstützt werden soll, seinen Platz in der Welt zu finden und dabei die Zusammenhänge zu erfassen. Das Verständnis ebendieser Welt hilft dem Kind dabei, seinen Platz zu erkennen und seine Handlungen und Wertvorstellungen sowie gesellschaftliche Erwartungen davon abzuleiten und sich einzuordnen. Kinder sollen bereits früh mit naturwissenschaftlichen Gesetzmäßigkeiten in Berührung kommen, damit sie die weltlichen und gesellschaftlichen Zusammenhänge besser verstehen lernen. Sie sollen lernen, die Folgen des eigenen Handelns besser zu reflektieren, um so zu verantwortungsvollen und bewusst handelnden Persönlichkeiten heranzuwachsen.

• Sprachmaterial: Beispiele hierfür können Symbolkarten zur Bestimmung von Wörtern oder das

Vorlesen sein, um ein Gefühl für die in der Sprache vorhandenen Worte zu erhalten.

• Sinnesmaterial: Die Sinne bilden den Kontaktpunkt zur Welt. Daher ist das Schulen und Schärfen der Sinne nach Maria Montessori besonders wichtig. Hier können zum Beispiel Farbtafeln, Geräuschboxen oder Einsatzzylinderblöcke Verwendung finden.

• Übungen für das praktische Leben: Eine gute Grundlage für Übungen des alltäglichen Lebens (zum Beispiel Schuhe binden, Jacke aufhängen ...) stellt das Anbringen einer Garderobe auf Kinderhöhe dar. Platziert man daneben einen kleinen Stuhl, ist das Kind selbstständig in der Lage, sich um sich zu kümmern.

Im späteren Kindes- und Jugendalter wird der Schwerpunkt durch die bereits in der Kindheit ausgebildeten Kompetenzen auf folgenden beispielhaften Handlungen (der Fantasie sind bei der Auswahl der Aufgaben keine Grenzen gesetzt) zur Aneignung von Kompetenzen liegen:

- Das Versorgen und Umsorgen eines Haustiers und die Übernahme der damit einhergehenden Verantwortung (Käfig säubern, füttern etc.),

- das Versorgen einer Pflanze,

- das Ausräumen der Spülmaschine,

- das Decken des Tischs,

- das Auspacken der Einkäufe sowie das Verstauen in den dafür vorgesehenen Schränken,

- Staub wischen,

- Wäsche sortieren

- sowie das Zur-Verfügung-Stellen von Lesematerialien zur Stillung des Wissensdurstes.

Nicht nur die Materialauswahl ist wichtig, sondern auch die Platzierung. Der Grundgedanke von Montessori war es dabei, Materialien so zu platzieren, dass sie für das Kind leicht erreichbar sind, es selbstständig ohne das Bitten um Hilfe damit arbeiten kann. Gerade bei kleineren Kindern erleichtert das Anbringen von Symbolkarten, die der kindlichen Orientierung im Raum dienen, die alltäglichen Abläufe enorm. Darüber hinaus sollten Gegenstände des täglichen Gebrauchs (zum Beispiel Waschlappen, Handtuch, Seife, Kinderbesteck ...) so aufbewahrt sein, dass sie sich immer in Reichweite des Kindes befinden.

Für die gezielte Förderung unter Berücksichtigung der Montessori-Pädagogik, insbesondere bei der Gestaltung der Umgebung zur Anwendung von Montessori im Alltag, eignet sich daher die Berücksichtigung der folgenden 10 Tipps für die Umsetzung in der Praxis:

1. Montessori-Kleiderschrank und -Garderobe: Zur Ermöglichung der Eigenständigkeit auch mit Blick auf das Aus- und Anziehen bei der Kleiderwahl des Kindes ist es nötig, dass die Kleidung des Kindes so einsortiert wird, dass es sie selbstständig erreichen kann. Symbolkarten oder Bilder an den Schubladen helfen dem Kind, sich zu orientieren und Dinge besser zu finden. Als Alternative zur Umgestaltung des Kleiderschrank (die gegebenenfalls nicht bei jedem möglich ist), bietet es sich an, das Kind bei der Kleiderwahl einzubeziehen. Dazu können am Abend vorher zwei bis drei Kleidungskombinationen aus dem Kleiderschrank ausgewählt werden, zwischen denen das Kind sich am Morgen eigenständig entscheiden darf.

2. Altersgerechte Aufgaben im Haushalt ermöglichen: Kinder lernen das meiste über den Prozess
der Nachahmung. Umso wichtiger, dass wir sie an
alltäglichen Aufgaben partizipieren lassen. Altersgerechte Aufgaben im Haushalt sind daher eine
geeignete Beschäftigungsmöglichkeit nach Montessori (sofern das Kind den Wunsch äußert, zu
helfen). Die Aufgaben sollten hierbei allerdings
unbedingt altersangemessen sein.

3. Bedürfnisorientiert, gemütlich und sicher ein-
richten: Damit das Kind sich in einem geschützten
und sicheren Rahmen ausprobieren und erproben
kann, bedarf es einer gut vorbereiteten Umgebung. Wichtig ist, dass sich das Kind in seiner Umgebung frei bewegen und seinen Interessen nach-
gehen kann. Dabei sollte vor allem die kindersi-
chere Einrichtung der Wohnung nicht vergessen
werden. Das Kinderzimmer sollte in diesem Zusammenhang vor allem Ruhe ausstrahlen und
nicht mit Materialien ausgestattet sein, die die
Sinne des Kindes überfluten. Hierzu zählt auch
eine dezente Farbgestaltung.

4. Lernturm in Alltag integrieren: Das wohl be-
kannteste und beliebteste Montessori-Möbelstück
ist der Lernturm. Er hilft dem Kind, an Stellen zu

gelangen, für die es ansonsten zu klein wäre. Dabei schützt der Lernturm das Kind sicher vor dem Herunterfallen. So kann das Kind bei Interesse an Prozessen wie dem Kochen und Backen partizipieren und sich auch hier ausprobieren.

5. Montessori im Badezimmer: Besonders Übungen des alltäglichen Lebens sollte das Kind selbstständig ausprobieren dürfen. Im Badezimmer lässt sich dies recht einfach umsetzen: Die Einrichtung eines kindgerechten Waschtischs für die tägliche Pflege schafft Raum für die Übungen des praktischen Lebens. Auf eine kleine Kommode platziert man hierzu eine Schüssel mit Wasser und einen Waschlappen sowie einen kleinen Spiegel, in dem sich das Kind betrachten kann. Hier kann es nun an seinem ganz eigenen Platz Zähne putzen, sich waschen und die Haare kämmen, ohne dass es unbedingt Hilfe von außen benötigt. (Natürlich müssen diese Prozesse begleitet werden – jedoch ohne das Eingreifen von außen, solange dies nicht nötig ist).

6. Aktivitätstabletts und -körbchen: Um das Kind zum Spielen und Lernen zu animieren, bietet es sich an, die hierzu benötigten Materialien in

Körbchen so zu platzieren, dass das Kind sie eigenständig erreichen kann.

7. Reduktion auf das Wesentliche: Da im Kinderzimmer oftmals nur wenig Platz zur Verfügung steht und Kinder grundsätzlich mehr Spielzeug besitzen, als tatsächlich benötigt wird, ergibt es Sinn, das Kinderzimmer so zu gestalten, dass sich ausschließlich die Spielsachen in Reichweite des Kindes befinden, mit denen das Kind aktuell spielt. Alle weiteren Spielsachen können in Kommoden oder Boxen verstaut sein und nach Bedarf gegen andere ausgetauscht werden. Damit reduzieren sich nicht nur die Reize, denen das Kind ausgesetzt ist, sondern das Zimmer strahlt insgesamt mehr Ruhe aus. Positiver Nebeneffekt: Spielsachen bleiben länger interessant, weil sie nicht dauerhaft zugänglich sind.

8. Montessori-Bett: Unter dem Montessori-Bett versteht man ein sehr niedriges Kinderbett, dass sich in Bodennähe befindet. Das Verletzungsrisiko bei möglichem Herausfallen wird hiermit minimiert. Darüber hinaus kann das Kind selbstbestimmt ein- und aussteigen. Das Bett bietet dem Kind nicht nur mehr Freiheit, sondern dient am Tag als Rückzugsort.

9. Spiel-Bücherregal auf Augenhöhe: Eines der Prinzipien der Pädagogik Montessoris sieht vor, dass sich das Kind jederzeit, ohne die Hilfe eines Erwachsenen, an den bereitgestellten Spiel- und Lernmaterialien bedienen kann. Offene und niedrige Regale eignen sich hierfür besonders gut, um darin Bücher und Beschäftigungsmaterialien auf Augenhöhe des Kindes zu verstauen.

10. Spielmaterialien selbst herstellen: Nicht immer ist der Einkauf von teurem Spielzeug nötig. Auch mit selbst hergestellten Lernmaterialien können Lernprozesse erzeugt werden. Besonders eignet sich hierfür der Wechsel der Jahreszeiten: Während im Frühjahr Blüten, Zweige oder funkelnde Steine gesammelt werden können, bietet der Sommer Kräuter, geerntetes Obst und Gemüse, Mitbringsel aus dem Urlaub (Muscheln, Sand). Der Herbst erlaubt das Sammeln von Nüssen, während im Winter Tannenzapfen gefunden werden. Der Fantasie sind hierbei keine Grenzen gesetzt.

Grundsätzlich gilt: Die gewählten Erprobungsräume sollten möglichst hell, freundlich sowie klar strukturiert gestaltet sein.
Wichtig:

Die oben stehende Auflistung stellt ausschließlich eine Ideensammlung dar, wie Montessori in den Alltag integriert werden kann. Auch, wenn nicht alle Tipps umgesetzt werden, ist die Anwendung von Montessori im Alltag möglich.

Montessori früher und heute

WIE AKTUELL IST DIE MONTESSORI-PÄDAGOGIK IN DER GEGENWART?

Entgegen verschiedenen Auffassungen steht die Bildungstheorie von Maria Montessori nicht in Konflikt zu heutigen Denk- und Lernweisen. Verfolgt man bildungspolitische Diskussionen, wird schnell klar, dass weiterhin vielseitiges Interesse an den Theorien der italienischen Ärztin besteht. Im Zuge der Einbindung des modernen Wissens sowie der Ergänzung um den heutigen Wissenschaftsstand haben sich einige

Mischformen herausgebildet, die didaktische und pädagogische Denkweisen von Maria Montessori in ihr Konzept einbinden, ohne dass sie sich einer vollständigen Montessori-Denkweise verschreiben.

Maria Montessori hat darüber hinaus bereits früh die Einbindung von Technik in den Lernalltag bedacht und für wichtig erklärt, der mit unserer heutigen Digitalisierung unabdingbar geworden ist. Insbesondere die Annahme, dass das selbstbestimmte und selbstständige Nachfragen, Erforschen und Denken die Grundlage allen Lernens darstellt, ist bis heute aktuell. Vor dem Hintergrund der Individualisierung bietet die Montessori-Pädagogik gute Entwicklungs- und Lernmöglichkeiten und unterstützt die individuelle Entwicklung des einzelnen Kindes (nicht eines Lehr- und Bildungsplans).

Die Orientierung am eigenen Lerntempo und den eigenen Interessen sowie das freie Lernen gewinnen in der heutigen Welt immer mehr an Bedeutung. Vor allem die im Rahmen der Montessori-Pädagogik verwendeten Prinzipien sind zeitlos und haben nicht an Bedeutung verloren. Auch heute noch verstehen wir Lernen als eigenaktiven

Prozess, der von uns als Individuum ausgeht. Gerade in einer sich stetig im Wandel befindlichen Welt, sowohl auf technologischer als auch gesellschaftlicher Ebene, bedarf es Persönlichkeiten, die über eine Bereitschaft zum lebenslangen Lernen verfügen, um sich in der veränderlichen Welt zurechtzufinden und orientieren zu können. Ebendiesen Gedanken hat Maria Montessori mit der Vorstellung der inneren Neugier eines jeden Kindes bereits gedacht.

Daneben ist der Bezug zu alltagspraktischen Welten im Rahmen von Lerneinheiten im Sinne der Bildungstheorie als besonders modern zu bewerten. Nach fast 150 Jahren werden die Erkenntnisse der Pädagogik Montessoris heute sogar neurowissenschaftlich belegt. In modernen Gesellschaften ist es erforderlich, in der Lage zu sein, sich Wissen eigenständig aneignen zu können sowie über Problemlösungsstrategien zu verfügen. Die bei Montessori betonte Freiarbeit fördert ebendiese Entwicklungen und bildet Persönlichkeiten aus, die in der Lage sind, gesellschaftlichen Anforderungen standzuhalten.

Darüber hinaus ist auch das konzentrierte Arbeiten in der heutigen Welt unabdingbar geworden, vor allem aufgrund des Vorhandenseins vielfältiger Ablenkungen und mannigfaltiger Impulse von außen. In ihrem pädagogischen Verständnis begründet Maria Montessori mit der Polarisation der Aufmerksamkeit das, was heute besser als Workflow bekannt ist. Die Berücksichtigung von sozialen, gesellschaftlichen und kosmischen Einflüssen im Rahmen der kindlichen Entwicklung führt zur Ausbildung von mündigen und selbstbewussten Erwachsenen, die die Werte der Gesellschaft kennen, vielseitige Interessen aufweisen und bereit sind, sich mit ihren Stärken in ihr einzubringen. Auch die Tatsache, dass viele Erziehungsinstitutionen bis heute auf Basis des Montessori-Konzepts arbeiten, beweist die Aktualität ihrer Denkweisen in der Gegenwart.

Über die Sinnhaftigkeit der Montessori- Methode für die Erziehung

In einer Gesellschaft, in der die Reizüberflutung häufig die Aufmerksamkeit für das Wesentliche aus dem Blick verliert, stellt eine Theorie, die die Konzentrationsfähigkeit fördert und eine eigenständige und selbstständige

Entwicklung begrüßt, ein modernes Umdenken dar. Die Rückbesinnung auf die Bedürfnisse des Kindes erfordert nicht nur die Auseinandersetzung mit dem eigenen pädagogischen Handeln, sondern auch die Auseinandersetzung mit der eigenen Person und den damit verbundenen Grundhaltungen. Gerade Eltern lernen in diesem Kontext, sich in Geduld zu üben.

Darüber hinaus gerät das leistungsbezogene Schul- und Bildungssystem immer mehr in die Kritik. Viele Regeleinrichtungen greifen in Teilen häufig auf die Ansätze der Montessori-Pädagogik zurück. Die Vorstellung der Begleitung und Anleitung kindlicher Selbstlernprozesse innerhalb eines vorgegebenen Rahmens erfreut sich noch immer großer Aktualität. Insbesondere die Tatsache, dass in ihm die Individualität des Kindes aufgrund der strikten Einhaltung von vorgegebenen Lehrplänen (ohne die Berücksichtigung des individuellen Lerntempos sowie der individuellen Interessen) verloren geht, führt zunehmend bei Eltern zu einem Umdenken.

Die Pädagogik nach Maria Montessori stellt hier durch ihre Herangehensweise eine echte Alternative dar. Die pädagogischen Sichtweisen der italienischen Ärztin gelten bis heute als visionär. Noch immer steigt die Zahl an Montessori-Einrichtungen stetig. Die Auffassungen und Aussagen, die Montessori in ihren Aufzeichnungen und dem pädagogischen Modell beschreibt, insbesondere im Kontext von Lern- und Persönlichkeitsentwicklung, gelten als wegweisend und werden durch die Ergebnisse im Bereich der Hirnforschung neurowissenschaftlich belegt. Insbesondere die für ihre Zeit moderne Denkweise erleichtert die Übertragung der pädagogischen Grundsätze in die heutige Zeit. In Deutschland wird der pädagogische Ansatz an mehr als 1000 Institutionen praktiziert.

Pädagogik versteht sich bei Montessori, ganz gegensätzlich zu sonstigen Theorien, nicht als Hilfestellung für den Erwachsenen, sondern wird vom Kind aus gedacht und berücksichtigt es in seiner Individualität, Freiheit und Selbstständigkeit. Die Beförderung der Freiarbeit, wie sie Montessori nennt, deckt sich mit den Anforderungen, mit denen uns die moderne Gesellschaft täglich konfrontiert: Die Fähigkeit, sich Wissen selbst anzueignen, sowie das Wissen darüber, wo fehlendes Wissen beschafft werden kann, sind gemessen an den

Anforderungen, die das gesellschaftliche Leben an den Einzelnen stellt, unabdingbar geworden. Gleiches gilt auch für das Konzentrationsphänomen, das sie unter dem Aspekt der Polarisation der Aufmerksamkeit anschaulich beschreibt. Das Konzept ihrer Pädagogik ist damit als ganzheitlicher Bildungsansatz zu verstehen.

Wenn es nun darum geht, zu begründen, welches die richtige Entscheidung für die Wahl einer Bildungsinstitution (Kindergarten, Grundschule, weiterführende Schule) ist, kann dies manchmal Kopfzerbrechen bereiten. Regeleinrichtungen oder doch lieber eine alternative Institution? Die Unübersichtlichkeit und Komplexität des deutschen Bildungssystems macht diese Entscheidung nicht wirklich leichter. Frontale Lehreinheiten oder doch lieber Freiarbeit? Altershomogene oder altersheterogene Gruppen? Was ist das Beste für das Kind? Diese Frage lässt sich pauschal nicht beantworten, da sie von den individuellen Bedürfnissen des jeweiligen Kindes abhängt. Betrachtet man positive und negative Aspekte der Montessori-Pädagogik, ergibt sich entsprechend folgendes Bild:

Als besonders vorteilhaft können in diesem Zusammenhang sicherlich die individuelle Förderung der Interessen und Begabungen, die Ausbildung der Selbstständigkeit, darüber hinaus die organisatorische Kompetenz, die alters- und entwicklungsgerechte, individuelle Wissensvermittlung, die Schulung sozialer Kompetenzen, die Freiarbeit und das Lernen nach den eigenen Interessen sowie die individuelle Betreuung und Unterstützung der Kinder, die mit diesem Konzept einhergehen, verstanden werden. Positiv hervorzuheben ist darüber hinaus die Tatsache, dass jedes Kind im individuellen Lernrhythmus und Tempo lernen darf, ohne dabei einer bestimmten Lehrplanvorgabe strikt folgen zu müssen. Vor allem dann, wenn Kinder sich schwer tun, strikten Regeln und Anweisungen bei bestimmten Arbeitsaufträgen zu folgen, und sie oft abgelenkt werden, von Dingen, die sie mehr interessieren, könnte das freie Lernen ohne Druck das Richtige sein.

Dennoch sollte bei allen positiven Aspekten nicht vergessen werden, dass die Umsetzung des Konzepts nur funktionieren kann, wenn auch Eltern ihren Beitrag dazu leisten, dass das Kind die Möglichkeit hat, sich frei zu entfalten. Dies wird

häufig als sehr anstrengend und belastend im Alltag empfunden und erfordert ein grundsätzliches
Umdenken bei den Erziehenden. Schwierig kann
die Teilhabe am Montessori-Konzept sein, wenn
bei dem jeweiligen Kind bereits Schwierigkeiten
hinsichtlich der Konzentrationsfähigkeit bekannt
sind. Für diese Kinder könnte das Montessori-Ler-
nen eher als Belastung empfunden werden. Daneben kann es problematisch sein, von einem Montessori-Konzept in ein Regelkonzept überzutreten
(beispielsweise beim Übergang Kindergarten –
Regelschule), da die dort angewandten, in diesem
Moment für Ihr Kind neuen Methoden etwas Ein-
gewöhnung bedürfen.

Nicht zu vergessen ist dabei auch die Tatsache, dass nicht alle Kinder ohne Druck zu Lernprozessen animiert werden können. Nicht jedes
Kind ist in der Lage, selbstständig und frei zu lernen. Voraussetzung sind eine entsprechende Ei-
genmotivation, Zielstrebigkeit sowie das nötige
Selbstvertrauen in die eigenen Fähigkeiten und
Kompetenzen. Manche Kinder brauchen zur Be-
günstigung von Lernprozessen mehr Struktur und
werden von direkten Bewertungen ihrer Leistun-
gen angespornt und zum Lernen motiviert.

Außerdem sollte man sich immer überlegen, ob das Konzept zu den Charakterzügen und Eigenheiten des eigenen Kindes passt.

Um eine endgültige Entscheidung zu treffen, die zu Ihren Vorstellungen passt, empfiehlt es sich daher immer, sich in der Materie kundig zu machen, Probetage der jeweiligen Einrichtungen wahrzunehmen und an Informationsveranstaltungen von Institutionen teilzunehmen, um herauszufinden, ob die Montessori-Methode den eigenen Vorstellungen von Erziehung entspricht.

Herstellung und Verlag:
BoD – Books on Demand, Norderstedt
ISBN: 9783756818198

© Marna Reschowsyk 2022
1. Auflage
Kontakt: Psiana eCom UG/ Berumer Str. 44/ 26844 Jemgum
Covergestaltung: Fenna Larsson
Coverfoto: depositphotos.com